T0023235

Dedicado a cada vida, cada esperanza y cada sueño afroamericano.
—C. B. W.

Para mi abuelo, C. D. Williams: porque hablaste.
—F. C.

Agradecemos a Hannibal B. Johnson, autor, abogado, consultor y presidente del Comité
de Educación de la Comisión del Centenario de la Masacre Racial de Tulsa de 1921,
por revisar el texto de este libro y compartir sus conocimientos.

Publicado originalmente en Estados Unidos bajo el título *Unspeakable: The Tulsa Race Massacre*
por Carolrhoda Books. Esta traducción ha sido publicada bajo acuerdo con Carolrhoda Books, una
división de Lerner Publishing Group, Inc.

Dirección Creativa: José A. Blanco
Desarrollo Editorial: Lisset López, Isabel C. Mendoza
Diseño: Paula Díaz, Daniela Hoyos, Radoslav Mateev, Gabriel Noreña, Andrés Vanegas
Coordinación del proyecto: Brady Chin, Tiffany Kayes
Derechos: Jorgensen Fernandez, Annie Pickert Fuller
Producción: Oscar Díez, Sebastián Díez, Andrés Escobar, Adriana Jaramillo,
Daniel Lopera, Daniela Peláez
Traducción: Isabel C. Mendoza

La foto de la penúltima página fue tomada en junio de 1921 y muestra el estado de total
destrucción en el que quedó el distrito de Greenwood después de la masacre.

Las fotos son cortesía de la Biblioteca del Congreso (históricas), Floyd Cooper
(foto de un álbum familiar) y Danielle Carnito (parque de la Reconciliación).

Abominable: la masacre racial de Tulsa
ISBN: 978-1-54335-771-4

Published in the United States of America
1 2 3 4 5 6 7 8 9 KP 26 25 24 23 22 21

ABOMINABLE

LA MASACRE RACIAL DE TULSA

CAROLE BOSTON WEATHERFORD · FLOYD COOPER

TRADUCCIÓN DE ISABEL C. MENDOZA

VISTA®
HIGHER LEARNING

SANTILLANA USA

Había una vez, cerca de Tulsa, Oklahoma,

unos buscadores de petróleo que se hicieron ricos.

La riqueza creó empleos, construyó edificios

y atrajo a personas de todas partes que buscaban

fortuna y una nueva vida.

Había una vez, en Tulsa,

una comunidad llamada Greenwood.

Sus habitantes eran descendientes de indígenas negros,

de antiguos esclavos y de *exodusters* (afromericanos que,

durante el llamado éxodo de Kansas, huyeron hacia el oeste

en el siglo XIX para escapar de la violencia y el racismo

del Sur segregado).

8

Había una vez, en Greenwood,

un área de treinta y cinco manzanas cuadradas

habitada por unas diez mil personas. Las vías del

ferrocarril separaban a la comunidad negra de la blanca.

Las leyes segregacionistas ordenaban que blancos y negros estuvieran en vecindarios, escuelas, cabinas telefónicas y vagones separados. Los negros tenían que presentar unos exámenes injustos y difíciles para poder votar. Los matrimonios interraciales estaban prohibidos por la ley.

Surgieron tantos negocios de afroamericanos a lo largo de una milla en la avenida Greenwood que el educador y líder empresarial Booker T. Washington llamó a ese distrito "el Wall Street Negro de Estados Unidos". Más tarde, comenzaron a llamarlo simplemente el Wall Street Negro y la comunidad continuó prosperando.

Había una vez, en el Wall Street Negro,

docenas de restaurantes y tiendas de comestibles.

Había peleteros, un billar, un sistema de autobuses

y un taller de mecánica. Unos doscientos negocios en total.

S. WILLIAMS BARBERÍA

También había varias bibliotecas, un hospital,
una oficina de correos y un sistema escolar segregado,
en el cual, según se decía, los niños negros recibían
una mejor educación que los niños blancos.

Había dos periódicos que eran propiedad de personas negras —el *Tulsa Star*

y el *Oklahoma Sun*— y más de veinte iglesias.

Y quince médicos negros, incluyendo al doctor A. C. Jackson,

el cirujano negro más competente de la nación por aquella época.

En la avenida Detroit, se levantaban espléndidas casas

que pertenecían a médicos, abogados y empresarios destacados.

17

Había una vez, en Greenwood,
barberías y salones de belleza.

18

El salón de belleza Little Rose,
de la señorita Mabel,

se ponía a reventar los jueves,
cuando las criadas que trabajaban
para las familias blancas

aprovechaban su día libre para
arreglarse el cabello

y pasear bien elegantes por toda
la avenida Greenwood.

La fuente de soda de la
pastelería Williams

sirvió como telón de fondo
de muchas propuestas
matrimoniales.

Y también estaba el lujoso hotel Stradford, el más grande
del país entre los que eran propiedad de afroamericanos.
En él se admitían huéspedes negros, que no eran bienvenidos
en los hoteles para blancos de Tulsa.

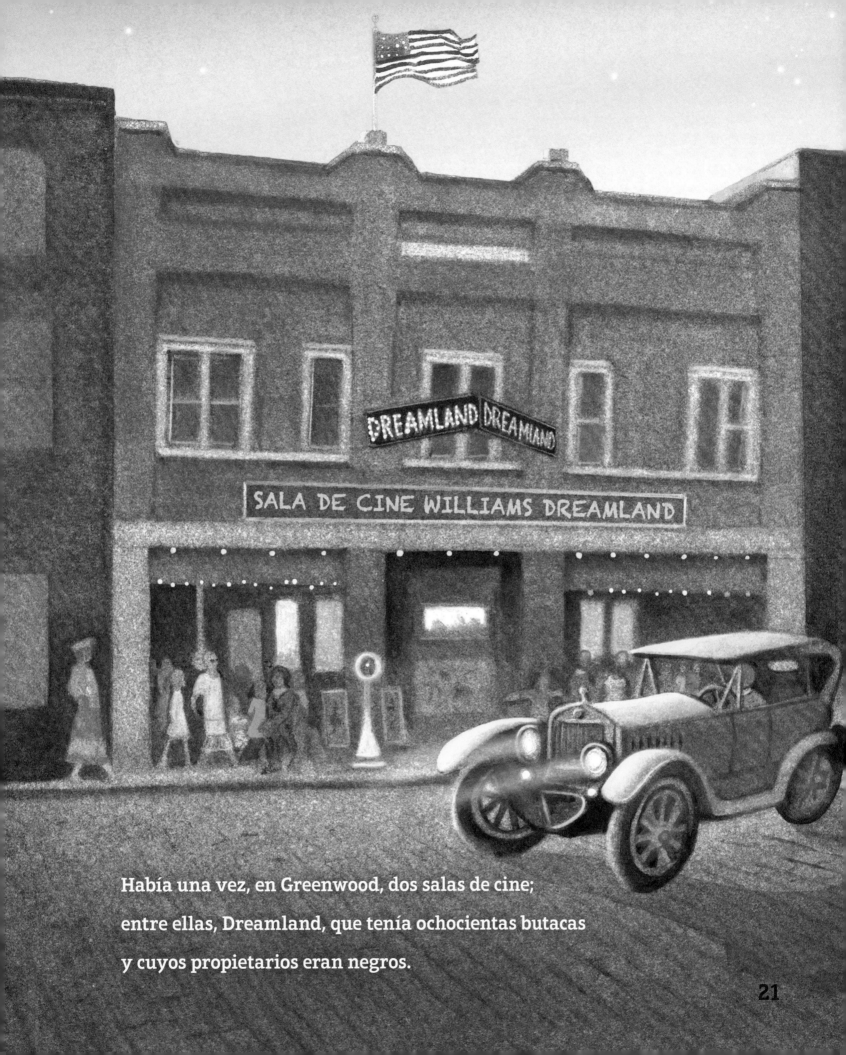

Había una vez, en Greenwood, dos salas de cine;

entre ellas, Dreamland, que tenía ochocientas butacas

y cuyos propietarios eran negros.

Sin embargo, en 1921, no todo el mundo en Tulsa se alegraba

al ver estas señales de prosperidad negra, pruebas irrefutables

de que los afroamericanos eran capaces de lograr tanto

o hasta más que los blancos.

Solo se necesitó un viaje en ascensor y la acusación de asalto

de una ascensorista blanca de diecisiete años contra un

limpiabotas negro de diecinueve para que el odio que se

estaba cocinando a fuego lento hirviera a borbotones.

Cuando el acusado fue encarcelado,

un titular del periódico *Tulsa Tribune* (propiedad de un blanco)

incitó a sus lectores a "echarle el guante".

Temiendo que el muchacho fuera linchado
(asesinado por una muchedumbre antes del juicio),
treinta hombres negros armados corrieron hacia
el centro de la ciudad en su auxilio.

Al llegar a la cárcel, se encontraron con dos mil personas blancas
provistas de armas. El 31 de mayo de 1921, un día después
del Día de los Caídos (un feriado dedicado a los soldados
muertos en combate), la refriega entre los dos bandos
dejó muertos a dos hombres negros y diez blancos.
Pero lo peor estaba por suceder.

Al no poder echarle el guante al sospechoso, la muchedumbre blanca echó a rodar el rumor de que la comunidad negra estaba planeando un ataque.

La turba blanca asaltó Greenwood sin que nadie la detuviera y, en algunos casos, con la venia de la policía. Saquearon y quemaron viviendas y negocios que los negros habían levantado con ahorros y sacrificios. Amenazaron a los bomberos con dispararles para evitar que apagaran los incendios. Afroamericanos que eran veteranos de la Primera Guerra Mundial sacaron sus armas para defender a sus familias y propiedades, pero los blancos los superaban en número y cantidad de armamento. Familias enteras tuvieron que huir con apenas lo que podían cargar.

Había una vez, en Greenwood,

unas trescientas personas que fueron
asesinadas, incluyendo al doctor Jackson.

Cientos más resultaron heridas.
Más de ocho mil, se quedaron sin hogar.

Y cientos de negocios y otros
establecimientos fueron reducidos
a cenizas.

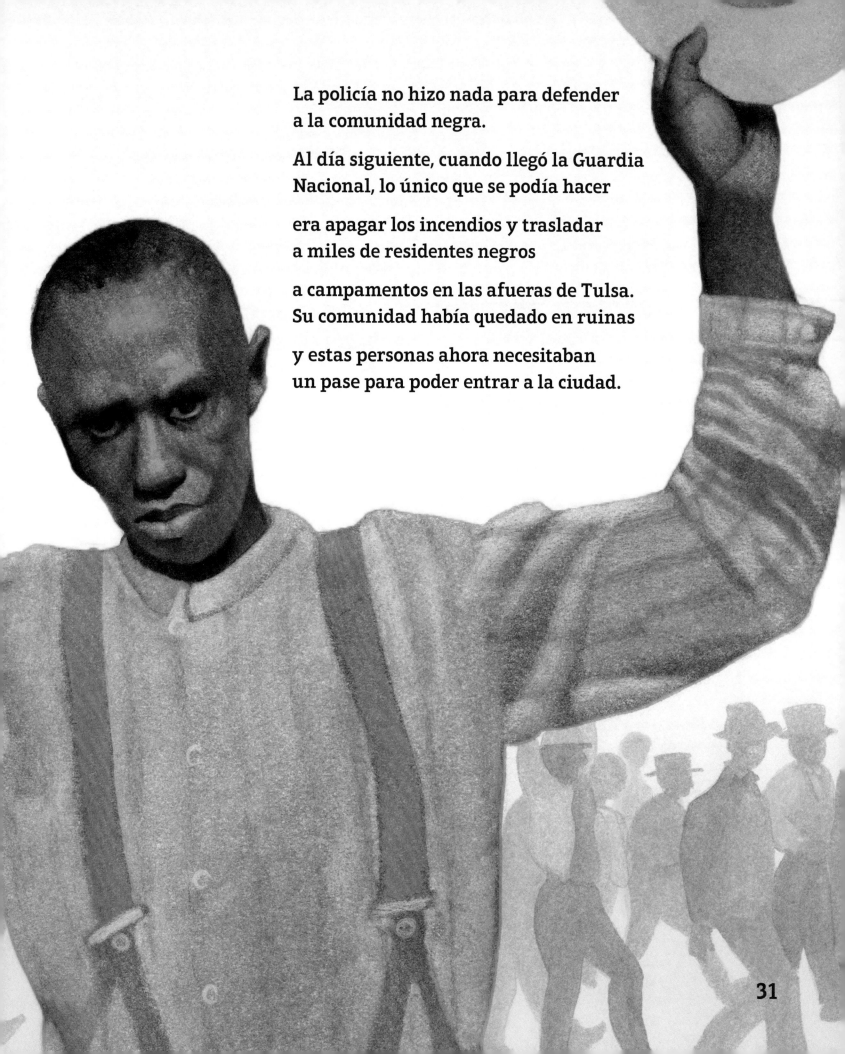

La policía no hizo nada para defender
a la comunidad negra.

Al día siguiente, cuando llegó la Guardia
Nacional, lo único que se podía hacer

era apagar los incendios y trasladar
a miles de residentes negros

a campamentos en las afueras de Tulsa.
Su comunidad había quedado en ruinas

y estas personas ahora necesitaban
un pase para poder entrar a la ciudad.

31

Durante los días y las semanas posteriores a la tragedia,

algunos habitantes negros de Tulsa se marcharon para no volver jamás.

Otros se quedaron para reconstruir la comunidad de Greenwood

y fueron testigos de su decadencia durante los años sesenta.

Los sobrevivientes no hablaron sobre aquel horror durante décadas.

32

No fue sino hasta setenta y cinco años
después que los legisladores abrieron

una investigación para develar
la dolorosa verdad

acerca del peor ataque racial en la
historia de Estados Unidos:

tanto la policía como funcionarios
de la ciudad conspiraron con
la muchedumbre blanca

para destruir la comunidad negra
más próspera de la nación.

Hoy en día, el parque de la Reconciliación conmemora a las víctimas de la masacre de 1921 y recuerda el papel que han jugado los afroamericanos en la historia de Oklahoma.

Pero el parque no es tan solo un monumento de bronce para recordar el pasado: es un lugar donde podemos ver la responsabilidad que todos tenemos de rechazar el odio y la violencia y, en cambio, elegir la esperanza.

34

NOTA DE LA AUTORA

El flagelo del racismo me ha golpeado de cerca. Un primo murió quemado en su casa de Tennessee; según se rumoraba, víctima de un linchamiento. En los años veinte, un grupo de blancos quemó, presuntamente, la tienda de otro primo en un pueblo negro fundado por mi tatarabuelo durante la Reconstrucción. En Carolina del Norte, mi estado adoptivo, existió otro Wall Street Negro en Durham, que en una época fue un centro empresarial negro. Y, en Wilmington, ocurrió otra masacre racial en 1898. Fue así como la memoria familiar y la cercanía con la historia me llevaron a aprender sobre la masacre racial de Tulsa de 1921.

La historia de Tulsa se remonta a 1836, cuando los indígenas muscogee (creek) se establecieron allí luego de ser forzados a salir de Alabama. El nombre Tulsa proviene de la palabra creek *Tallasi* o *Tvlvhasee*, que significa "pueblo viejo". En ese entonces, lo que hoy es Oklahoma formaba parte de lo que se conocía como Territorio Indígena, y otras tribus del suroeste también fueron reubicadas allí por la fuerza. Durante las siguientes décadas, un creciente número de negros y blancos se asentó en el lugar, y Oklahoma se convirtió en estado en 1907.

Al comienzo del siglo XX, Tulsa se convirtió en un próspero pueblo petrolero y muchos afroamericanos la vieron como la tierra prometida. El sector comercial que floreció a lo largo de la calle principal de la comunidad afroamericana, la avenida Greenwood, recibió el sobrenombre del Wall Street Negro. Pero a muchos habitantes blancos de Tulsa les molestaba el éxito de la comunidad negra.

En 1918, cuando terminó la Primera Guerra Mundial, crecieron las tensiones raciales en toda la nación. Los soldados afroamericanos que habían luchado y derramado su sangre por el país esperaban ser recibidos con mayor respeto a su regreso. Pero no fue así. En el verano de 1919, conocido como Verano Rojo, estalló la violencia contra los afroamericanos en varios estados y ciudades. Independientemente de la causa aparente, el objetivo de las muchedumbres blancas siempre era limitar el progreso político y económico de los negros, y reafirmar la supremacía blanca.

Entonces, el 30 de mayo de 1921, en Tulsa, un joven afroamericano llamado Dick Rowland tropezó con Sara Page, la ascensorista blanca de un edificio de oficinas del centro de la ciudad, o quizás la pisó. Page gritó y Rowland fue arrestado al día siguiente. Un periódico dijo que Rowland había asaltado a Page, lo cual avivó las tensiones raciales que ya existían, incitando a una turba blanca de cientos de personas, empeñadas en linchar al adolescente. Con frecuencia, hombres y muchachos negros eran víctimas de linchamientos a manos de muchedumbres blancas que los mataban en público, casi siempre ahorcándolos, por presuntos delitos. Un grupo más reducido de residentes negros llegó hasta el juzgado donde estaba detenido Rowland con el objetivo de protegerlo. Cuando el alguacil se negó a entregar a Rowland, la muchedumbre blanca, que había aumentado en número, se puso violenta. Tras una noche de ataques aislados, la turba blanca invadió la comunidad negra al amanecer: quemó al menos mil doscientas cincuenta viviendas y doscientos negocios, y robó y saqueó cientos más. La masacre duró dieciséis horas y cobró muchas vidas. Entre ellas, la de un niño negro a quien le dispararon en una sala de cine. Muchas de las víctimas fueron enterradas en tumbas sin identificación.

Antes de que el humo se hubiera disipado, la policía retiró las acusaciones contra Dick Rowland y el joven fue dejado en libertad. Rowland abandonó la ciudad al día siguiente, al parecer, para siempre.

Se desconoce el número exacto de muertos, pérdidas y participantes debido a que los funcionarios públicos se

Arriba: algunos afroamericanos huyeron en camiones durante la masacre.
Abajo: una nube de humo cubre Tulsa mientras se quema Greenwood.

concentraron más en ocultar los hechos que en documentarlos. No fue sino hasta el siglo XXI que este trágico capítulo de la historia de Tulsa comenzó a enseñarse en las escuelas de Oklahoma. En 1977, el estado autorizó una investigación de los sucesos que, hasta entonces, habían sido conocidos como "disturbios raciales". La Comisión de Oklahoma para el Estudio de los Disturbios Raciales de 1921 en Tulsa concluyó que la violencia había dejado entre ciento cincuenta y trescientos muertos y más de ocho mil desamparados.

Tras la masacre, Greenwood fue reconstruido rápidamente. No obstante, nunca se ha encontrado el lugar de sepultura de la mayoría de las víctimas afroamericanas. Sin embargo, en octubre del 2020, unos arqueólogos encontraron restos humanos en una fosa común sin identificación en un cementerio de Tulsa. Y la investigación continúa.

Hoy se puede visitar en Greenwood el parque de la Reconciliación John Hope Franklin. En él se encuentra la Torre de la Reconciliación, así como tres esculturas de bronce inspiradas en fotografías de la masacre que representan la hostilidad, la humillación y la esperanza. Actualmente, se construye un centro histórico de categoría mundial y se están haciendo otras mejoras en el distrito de Greenwood.

Arriba, a la izquierda: una de las tres esculturas del parque de la Reconciliación John Hope Franklin muestra a un hombre negro, después de la masacre, con las manos en alto en señal de rendición.
Arriba, a la derecha: la Torre de la Reconciliación ilustra la historia de los afroamericanos en Oklahoma.

NOTA DEL ILUSTRADOR

Mi abuelo Williams, hacia 1940.

La creación de este libro comenzó en 2018, pero mi conexión con esta historia se remonta a mi infancia en Tulsa y a las visitas a mi abuelo en Muskogee. A mi abuelo *le encantaba* hablar. Cuando la familia lo visitaba, conversaba. Cuando un vecino pasaba a saludarlo, podía hablarle sobre historia, sucesos de actualidad, noticias o política durante horas, ahí mismo en la puerta de su casa. ¡A los niños todo aquello nos parecía aburridísimo! Pero siembre andábamos con él porque nos encantaba su voz y, de vez en cuando, aprendíamos algo nuevo.

En aquel tiempo, no se hablaba mucho de lo que había pasado en 1921. Pero una noche, mi abuelo habló sobre Greenwood. Con nosotros. Él había crecido allí y nos contó que estaba en casa la noche en que aquella gente del sur de Frisco llegó a Greenwood. Cuando los saqueos, los disparos y los incendios redujeron el famoso Wall Street Negro a cenizas, "a todos nos pillaron por sorpresa, indefensos", dijo.

Todo lo que yo sabía sobre esta tragedia lo escuché de mi abuelo. Ni un solo maestro la mencionó jamás en la escuela.

Durante mucho tiempo, nos referimos a aquellos sucesos como los disturbios raciales de Tulsa, pero algunos decían que la palabra *disturbios* se usaba para hacerle más daño a la comunidad negra. Las compañías de seguros no tenían que pagar por los daños a viviendas y negocios causados por disturbios, lo cual significaba que los negros tenían que buscar otras maneras de pagar la reconstrucción de lo que habían perdido. Recientemente, se le ha comenzado a llamar la masacre racial de Tulsa. Una masacre es la matanza violenta de un número de personas que, por lo general, se encuentran indefensas o no oponen resistencia. Llámese como se llame, para mí, se trata de un suceso con el que tengo una profunda conexión personal.

Así como mi abuelo nos contó la historia, ahora la comparto contigo. Mi abuelo murió hace muchos años, pero espero que mis ilustraciones y las palabras de Carole Boston Weatherford puedan hablar por él.

SOBRE LA AUTORA

Carole Boston Weatherford ha escrito innumerables libros, entre los que se destacan *Freedom in Congo Square*, ilustrado por R. Gregory Christie y galardonado con una mención de honor del premio Caldecott; *Voice of Freedom: Fannie Lou Hamer, Spirit of the Civil Rights Movement*, ilustrado por Ekua Holmes y ganador de menciones de honor de los premios Caldecott y Sibert; y *Moses: When Harriet Tubman Led Her People to Freedom*, ilustrado por Kadir Nelson y merecedor de una mención de honor del premio Caldecott y también del premio NAACP por sus imágenes. Las obras de Carole abarcan temas como el *jazz* y la fotografía, así como las eras de la esclavitud y la segregación. Cuando no anda viajando o visitando museos, está escarbando en el pasado en busca de historias de familia, tradiciones perdidas y luchas olvidadas. Actualmente vive en Carolina del Norte.

SOBRE EL ILUSTRADOR

Floyd Cooper nació y creció en Tulsa, Oklahoma, donde escuchó la historia de la masacre racial de Tulsa de boca de su abuelo, quien sobrevivió a la tragedia siendo muy joven. Floyd ha ilustrado muchos libros. Recibió el prestigioso premio Coretta Scott King por las ilustraciones de *The Blacker Berry*, así como menciones de honor del mismo galardón por *Brown Honey in Broom Wheat Tea*, *Meet Danitra Brown* y *I Have Heard of a Land*. Vive en Easton, Pensilvania, con su esposa y sus dos hijos.